AÇORES / *AZORES*
SÃO MIGUEL
A ILHA VERDE / *THE GREEN ISLAND*

Letras **Lava**das
edições

Prefácio

Sinto-me muito honrado com o convite que me foi dirigido para redigir o prefácio desta magnífica obra.

É hoje essencial para a promoção e divulgação dos destinos turísticos uma comunicação eficaz que apele às emoções do consumidor, estimulando a sua curiosidade e a vontade de conhecer.

A fotografia é uma forma de comunicação poderosa, assumindo particular importância no caso dos Açores, cuja beleza dificilmente descritível por palavras regista a representação mais fidedigna através da imagem.

No âmbito do Plano Estratégico Nacional de Turismo, os Açores foram definidos como Pólo de desenvolvimento turístico dado o seu enorme potencial para contribuir para o novo paradigma do turismo nacional.

Os Açores constituem uma das maiores riquezas turísticas do nosso país, com um património natural único, destacando-se a diversidade das nove ilhas, a vida marinha e a ligação das comunidades ao mar, as lagoas, as falésias, os vulcões.

O Turismo de Natureza, enquanto produto turístico prioritário, afirma-se em pleno nos Açores e muito particularmente na Ilha Verde, símbolo de natureza idiossincrática bem preservada, com uma população acolhedora e afável e clima temperado ao longo do ano.

São Miguel consegue reunir as características naturais de todo o arquipélago e é, por isso, um excelente primeiro volume desta coleção.

O fotógrafo José António Rodrigues é um profundo conhecedor e intérprete da realidade açoriana, reproduzindo a sua riqueza paisagística de forma única.

Os textos de historiadores, investigadores e várias individualidades ligadas à Ilha, valorizam a obra e reforçam o interesse pelo seu conteúdo.

Por outro lado, não posso deixar de referir o facto de esta edição ser CarbonFree®, revelando uma crescente preocupação com a sustentabilidade, matéria de especial relevo na realidade açoriana que constitui um exemplo a nível mundial enquanto destino sustentável.

A beleza natural de São Miguel aliada à qualidade da obra fotográfica e literária não deixará ninguém indiferente e por isso acredito que este livro funcionará em pleno como instrumento de promoção turística.

Dr. Bernardo Trindade
Ex-secretário de Estado do Turismo
Ministério da Economia e da Inovação

Foreword

I am honoured with the invitation to write the foreword of this magnificent book.

Today, an efficient communication that appeals to the consumers' emotions, stimulating their curiosity and desire to discover, is essential for the promotion and dissemination of tourist destinations.

Photography is a powerful means of communication and takes a particular importance in the case of the Azores, a region whose beauty is difficult to describe in words and attains its most accurate representation through images.

Within the scope of the National Strategic Plan for Tourism, the Azores were defined as a focal point for tourism development, due to their enormous potential to contribute for the new paradigm of national tourism.

The Azores represent one of the biggest tourist assets of our country, with a unique natural heritage, from which the diversity of the nine islands, the marine life and the connection of the different communities with the sea, crater lakes, cliffs and volcanoes can be highlighted.

Nature Tourism, as the major tourist product, is gaining prominence in the Azores and particularly in the Green Island, a symbol of a well-preserved distinctive Nature, with a welcoming and courteous population and a mild climate throughout the year.

São Miguel is able to comprise the natural characteristics of the whole archipelago, and this it is and excellent first volume for this collection.

José António Rodrigues, the photographer, is a profound connoisseur and interpreter of the Azorean reality, reproducing the richness of its landscape in a unique way.

The texts from historians, researchers and several distinguished individuals connected to the Island are an added value for the book and reinforce the interest for its contents.

On the other hand, I cannot help mention that this is a Carbonfree® edition, demonstrating a growing concern with sustainability, a subject with a special importance in the Azorean reality, a sustainable destination which constitutes an example at the world level.

São Miguel's natural beauty together with the literary and photographic quality of this book will leave no one indifferent; therefore, I believe that it will fully attain its function as a tourism promotion tool.

Dr. Bernardo Trindade
Former Secretary of State for Tourism
The Ministry of Economy and Innovation

Índice Index

São Miguel

Descobrir São Miguel, é descobrir a própria natureza, na sua forma original e única. É olhar extasiado para a paisagem exuberante, onde predominam os tons de verde, a esbaterem-se no azul celeste do mar. É, também, descobrir e comungar da tradicional hospitalidade açoriana, das suas populares manifestações religiosas e artísticas, do sabor especial da sua cozinha, bem como, de outros prazeres que só os Açores oferecem.

É, ainda, descobrir uma daquelas que foram eleitas como as segundas melhores ilhas do mundo para o turismo sustentado pela revista "*National Geographic Traveler*", em 2007.

Numerosos miradouros proporcionam vistas deslumbrantes. Costas de recorte variado, ora em pontas que entram na amplidão dos mares ou rochedos que caem abruptamente no oceano, ora em angras que acolhem os frágeis barcos de pesca ou baías, algumas das quais adaptadas a portos de apoio à navegação.

Montanhas e vales tranquilos, cobertos de exuberante vegetação, lagoas de enorme beleza alojadas em crateras de vulcões extintos, fumarolas, géiseres e nascentes de água quente, picos imponentes e cavernas misteriosas, a contrastar com campos cuidadosamente cultivados, conferem a este arquipélago uma variedade paisagística rara. Devido a uma atmosfera isenta de poluição, a paisagem adquire tonalidades invulgares e, num ambiente de tranquilidade, proporciona ótimas condições aos amantes da fotografia.

Da conjugação de todos estes fatores resulta uma suavidade de clima que, adicionada à particular natureza do solo, origina uma fertilidade de terra que se traduz na presença das mais variadas e exóticas espécies vegetais. Árvores de madeira de qualidade, muitas delas de flora indígena, como por exemplo o vinhático e o cedro, frutas tropicais com destaque para o ananás, abundância de flores em que prevalecem as hortênsias, os hibiscos, as conteiras, os rododendros, as camélias, as giestas e as azáleas, campos de pastagem e culturas como as do chá ou tabaco, dão aos Açores uma diversidade vegetal invulgar. A fauna selvagem, onde predomina o coelho, é enriquecida pela existência de numerosas aves, como o pombo torcaz, o milhafre, o melro e o canário.

A Ilha Verde

The Green Island

To discover the São Miguel island is to discover nature itself, in its unique and original form. It is to gaze in wonder at the exuberant landscape, clothed in shades of green, merging into the heavenly blue of the sea. And it is to discover and enjoy the traditional Azorean hospitality, to partake in its local religious and cultural celebrations, to savour the special flavours of the Azorean cuisine... and to experience other delights that only the Azores can offer.

It is also to discover one of those that were elected as the second best islands in the world for tourism sustained by *National Geographic Traveler* in 2007.

Numerous scenic overlooks offer dazzling views. The rugged coastline is a mixture of headlands jutting out into the ocean or sheer cliffs dropping directly into the sea, or sheltered coves which harbour the fragile fishing boats, and expansive bays which have been adapted as ports to provide for shipping.

Mountains and tranquil valleys covered with exuberant vegetation, breathtakingly beautiful lakes within the craters of extinct volcanoes, fumaroles, geysers and springs of hot water, imposing peaks and mysterious caves contrasting the carefully cultivated fields give this archipelago a varied landscape which would be difficult to match. Owing to the absence of pollution, the landscape takes on unique shades and colours which provide fabulous conditions for photography enthusiasts who can work in an atmosphere of tranquillity.

The combination of all these factors, allied with a gentle of climate and the special nature of the soil, provide for tremendous fertility, which in turn translates into the abundance and tremendous variety of exotic vegetation. Quality timber, much of which is indigenous like the mahogany and cedar, tropical fruits such as the pineapple, and an abundance of flowers which include hydrangeas, hibiscus, ginger lilies, rhododendron, camellias, broom and azaleas, as well as dairy pastures and crops such as tea and tobacco give the Azores a rare botanical variety. The fauna, of which the most common is rabbit, is enriched by numerous birds like wood pigeons, kites, blackbirds and canaries.

A origem vulcânica dos Açores e o seu desenvolvimento ao longo de muitos milénios torna-os um autêntico museu-vivo de centenas de curiosos fenómenos vulcânicos. Com vista ao exercício e promoção de atividades no campo da Vulcanologia, da Sismologia, da Geotermia e do Ambiente e a formação, reciclagem e actualização das entidades que o solicitem naquelas áreas, em 10 de Junho de 2000 nasceu o Observatório Vulcanológico e Geotérmico dos Açores (OVGA).

O atual Arquipélago dos Açores corresponde a uma vasta plataforma oceânica encaixada entre as denominadas Placas Norte-Americana (a oeste), Euro-Asiática (a nordeste) e Africana ou Núbia (a sul). Esse território, de forma sensivelmente triangular denomina-se Microplaca dos Açores e as zonas mais elevadas correspondem às 9 ilhas e ilhéus associados. Desse modo conclui-se que todas as ilhas são de origem vulcânica e que a Microplaca dos Açores resultou da abertura do Oceano Atlântico, ou seja, do afastamento dos Continentes Americanos dos Continentes Euro-Asiáticos e Africano. Este afastamento, segundo muitos autores, possivelmente gerou a base dos Açores há cerca de 34 milhões de anos.

Os Açores constituem igualmente uma área muito importante para estudos das fontes hidrotermais profundas. Recentemente foram descobertas várias comunidades interessantes em campos hidrotermais como os de Lucky Strike e Menez Gwen, localizados na Zona Económica Exclusiva dos Açores. A organização não governamental "World Wildlife Fund" (WWF) atribuiu aos Açores o galardão honorífico "Gift to the Earth", pelo notável contributo para a conservação destes ecossistemas marinhos.

Atualmente são conhecidas seis fontes hidrotermais ("Lucky Strike", descoberta em 1992, "Menez Gwen", descoberta em 1994, "Rainbow", descoberta em 1997, "Saldanha", descoberta em 1998, "Ewan", descoberta em 2006 e "Bathy Luck" descoberta em 2009, todas elas classificadas como áreas protegidas, localizadas a sul do arquipélago, as quais têm sido alvo de apurados estudos científicos. As atuais 106 áreas classificadas dos Açores estão a ser substituídas por nove Parques Naturais – um por cada ilha e um Parque Marinho. Entretanto, foram já criados os Parques Naturais da ilha do Pico, da ilha de São Miguel e da ilha Terceira que passam a ser as entidades gestoras das respetivas áreas classificadas.

Dar a conhecer as diferentes cores, as mil e uma formas e os vários ritmos de vida que reflectem o ambiente terrestre e marinho da mais pequena ilha dos Açores é o objectivo do Centro de Interpretação Ambiental do Corvo. Para além deste foram já criadas infra-estruturas como a Gruta das Torres, a Casa da Montanha no Pico, o Centro de Interpretação Ambiental e Cultural da Ilha do Corvo ou o Centro de Visitação do Jardim Botânico do Faial. Em breve, aliás, estarão prontos o "Aquário Virtual" e a Casa dos Dabney, na ilha do Faial, e os Centros de Interpretação Ambiental da Furna do Enxofre, na Graciosa, da Fajã de Santo Cristo,

The volcanic origin of the Azores and its evolution throughout several millennia turn the archipelago into a live museum with hundreds of surprising volcanic phenomena. The Volcanological and Geothermal Observatory of the Azores (OVGA) was founded on June 1st, 2000 to train and to promote activities in volcanological, seismological, geothermal and environmental areas, as well as for the training, retraining and updating the personnel from the entities who request it. It is a non-profit scientific, technical and cultural association based on the island São Miguel with delegations, laboratories and sci-tech units on other island of the archipelago.

The current Archipelago of the Azores corresponds to a vast oceanic platform slotted between the North American (to the West), the Eurasian (to the Northeast) and the African (to the South) Plates. This territory, with an almost-triangular shape, is called the Azores Microplate, and the higher zones correspond to the 9 islands and the associated islets. Therefore, it was concluded that all the islands are of volcanic origin and that the Azores Microplate resulted from the opening of the Atlantic Ocean, that is to say, from the drift of the American, Eurasian and African Continents. This drift, according to many authors, possibly generated the basis of the Azores some 34 million years ago.

The Azores also represent a very important area for the research on deep sea hydrothermal vents. Several interesting communities were discovered recently at the hydrothermal sites Lucky Strike and Menez Gwen, located within the Azores' Exclusive Economic Zone.

Six hydrothermal vents have been identified (Lucky Strike discovered in 1992, Menez Gwen in 1994, Rainbow in 1997, Saldanha in 1998 and Ewan in 2006) and Bathy Luck in 2009, and all of them are classified as protected areas. They are located south of the archipelago and have been thoroughly researched by scientists.

The NGO World Wildlife Found (WWF) rewarded the Azores with the "Gift to the Earth" Award, for their contribution to the conservation of these marine ecosystems.

Dozens of nature reserves, protected landscape areas, forest leisure areas and parks on all nine islands confirm the efforts made by the regional government to preserve the archipelago's ecosystems. For this reason, the Azores obtained one of the mentions of honour from the European Tourism and Environment prize.

In addition to this, other infrastructures, such as the Torres Cave (Gruta das Torres), the Pico Mountain Support House (Casa da Montanha no Pico), the Corvo Island Environmental and Cultural Interpretation Centre (Centro de Interpretação Ambiental e Cultural da Ilha do Corvo) or the Faial Botanic Garden Visitation Centre (Centro de Visitação do Jardim Botânico do Faial), have been created. Soon the Virtual Aquarium and the Dabney House (both in Faial) and the Environmental Interpretation Centres of the Furna do Enxofre (Graciosa), the Fajã de Santo

em São Jorge, da Gruta do Carvão, em São Miguel, e o da Fábrica do Boqueirão, na ilha das Flores.

O Conselho Internacional de Coordenação do Programa da UNESCO "O Homem e a Biosfera" (MAB) classificou as ilhas da Graciosa e Corvo como Reservas da Biosfera.

Casas curiosamente construídas, moinhos típicos de origem flamenga, igrejas e tesouros de arte de enorme valor são testemunho vivo da história dos Açores, em que a força de vontade e dignidade do seu povo têm sido uma constante.

Fortes tradições populares, como o caso das danças e cantares cadenciados, das alegres touradas à corda e curiosos trajes característicos, bem como convicções religiosas muito enraizadas que se traduzem nas inúmeras igrejas erigidas e nas procissões ao longo de todo o ano, são parte da existência deste povo hospitaleiro e simples.

O Arquipélago dos Açores, em virtude do seu rico passado histórico e das suas tradições, que se foram enraizando nas suas gentes, tornou-se uma referência importante nas artes e ofícios. Homens e mulheres, ao longo dos tempos, desenvolveram e guardam, ainda intactas, técnicas de trabalho artesanal de tradições plurisseculares.

O Artesanato dos Açores, devido aos poucos contactos com o exterior causados pela insularidade, tornou-se, de certa maneira, muito "sui generis" devido à utilização de materiais elementares como a madeira, o dente e osso de baleia, a escama de peixe, o basalto, o barro, o miolo de hortênsia ou a folha de milho.

Por todos os Açores existem Escolas de Artesanato e artesãos, que procuram manter sempre vivas estas tradições iniciadas com o povoamento destas nove ilhas de encanto.

(P. 10 (cima/top))
PRAIA DE SANTA BÁRBARA da Ribeira Grande, muito procurada pelos veraneantes.

SANTA BARBÁRA BEACH (Ribeira Grande) is very sought after in the summer.

(P. 10/11 (baixo/bottom))
A ponte das Sete Cidades, faz a separação entre as lagoas azul e verde.

The Sete Cidades bridge separates the blue and green lakes.

Cristo (São Jorge), the Gruta do Carvão (São Miguel) and the Fábrica do Boqueirão (Flores) will be opened.

The International Coordination Council of the UNESCO programme "Man and the Biosphere" classified the islands Graciosa and Corvo as Biosphere Reserves.

Beside the biosphere reserves, the archipelago of the Azores has got classified areas internationally approved for environmental reasons like the statutes of the Natura 2000 Network, UNESCO World Heritage, RAMSAR areas and the Protected Marine Areas under the OPSAR Convention.

The current 106 classified areas of the Azores are being replaced by nine Natural Parks (one on each island) and a Marine Park. In the meanwhile, the Natural Parks of the Islands of Pico and São Miguel have been created and now manage the classified areas on those islands.

To publicise the different colours, the endless forms and the various life rhythms that reflect the land and marine environment of the smallest island of the Azores is the goal of the Corvo Environmental Interpretation Centre.

Interesting buildings, typical windmills with Flemish origin, churches and art treasures of high value are the living testimonies of the history of the Azores, where willpower and people's dignity was a constant along the way.

Strong popular traditions, like dances and chanting, merry rope bullfights and characteristic costumes, as well as deep seated religious convictions having lead to the construction of many churches and to processions throughout the year, are part of the existence of this hospitable and simple people.

The Archipelago of the Azores, due to its rich historical past and its traditions, deep rooted into its people, became an important reference in terms of art and crafts. Men and women, throughout the times developed and maintained handicraft techniques with secular traditions.

The handicrafts of the Azores, due to the lack of influence from the outer world caused by the island situation, became somewhat generic due to the use of simple materials like wood, whale teeth and bones, fish scales, basalt stone, clay, hydrangea core or maize leaves.

Handicraft schools exist throughout the Azores as well as craftsmen wanting to preserve these traditions still alive since the settlements on these nine wonderful islands.

(P. 11 (cima/top))
Caldeiras das Furnas.

Hot springs or Geysers.

Aspectos da Vida Rural

Os Açores são classificados como "Zona Predominantemente Rural" onde a ruralidade abrange um conjunto de vivências e de inter-relacionamento de uma população perante o meio que ocupa sendo, assim, a ruralidade insular considerada como uma condição para o futuro nas relações dos Açores com o mundo.

Aqui, os espaços rurais dispõem de um património – a paisagem, que é construída com elementos naturais, onde o homem compõe-lhe com elementos da natureza.

The Azores are classified as a "Predominantly Rural Area," where rurality touches a number of life experiences and the relationship between the people and the environment that they occupy, with the island rurality, therefore, being a condition for the future re-

lations of the Azores with the world.

Here, rural spaces showcase a heritage – the landscape, which is built with natural elements to which man adds elements from Nature.

(P. 12/13)
Vista da Lagoa do Fogo para as Sete Cidades.

View from the Fogo Crater Lake to Sete Cidades.

(P. 14)
Pastagens ocupadas por gado, característico das zonas rurais.

Pastures occupied by cattle, a characteristic of rural areas.

(P. 15)
Nas zonas rurais o auxílio do cavalo é inestimável, como meio de transporte rural ou, ainda, como apoio nas actividades rurais.

In rural areas, horses are an invaluable help, as a means of rural transportation or even as support to rural activities.

Cultura do Chá e do Ananás
Tea and Pinapple Production

Na ilha de São Miguel encontram-se as únicas plantações de chá da Europa com fins industriais, onde o seu clima temperado e um rico solo vulcânico propiciam o seu cultivo.

The only tea plantations in Europe with industrial purposes are located on S. Miguel Island, where the mild climate and a rich volcanic soil are favourable for tea production.

(P. 16)
Colheita de chá. Costumes da época da colheita manual.

The harvest. The century old tradition of picking the tea plants by hand.

(P. 17 (cima/top))
PLANTAÇOES DE CHÁ – A beleza exótica das plantações de chá.

TEA PLANTATIONS – The exotic beauty of its plantations.

(P. 17 (centro/center))
A cultura do ananás – apreciado fruto de sabor inigualável, cresce em inúmeras estufas, que emprestam um curioso aspecto ao povoado.

The pinapple plantations – the delicious fruit of unbeatable aroma and flavour grows in numerous greenhouses which give the parish a very characteristic apperance.

(P. 17 (baixo/bottom))
FOLHA DE CHÁ e a sua preparação – Resulta da selecção de diferentes folhas produzindo diferentes aromas.

TEA LEAF and it's preparation – Is made from particles of different leaves, it gives a different flavour.

A Pesca Fisheries

A costa da ilha apresenta vários portos piscatórios de relevância, com longas tradições e de experimentados marinheiros. Sendo esta marcadamente tradicional, assenta habitualmente na comunidade local e nos laços familiares. Hoje o envelhecimento das comunidades costeiras, a crescente dificuldade em modernizar a pesca e introduzir novas tecnologias são obstáculos na atração dos nossos jovens para a pesca artesanal, barrando a perpetuação de uma tradição milenar que, desde sempre, identificou o povo micaelense.

The island's coastline features several relevant fishing ports, with a long tradition and experienced sailors. With fishing having a clearly traditional nature, it is usually based around local communities and on family ties. Today the ageing of coastal communities, the increasing difficulty of modernising the sector and of introducing new technologies turn young people away from traditional fishing, obstructing the preservation of a millennium-old tradition, which has always characterised the people of S. Miguel.

(P. 18 (cima/top))
A pesca nos Açores remonta há vários séculos e podemos dizer que sempre existiu, desde que os homens chegaram às ilhas.

Fishing in the Azores dates back to several centuries ago, and we can say that it has always existed since man arrived on the islands.

(P. 18 (baixo/bottom))
Ao longo dos tempos a frota pesqueira desenvolveu novas técnicas de captura.

Throughout time, new fishing techniques have been developed and used on fishing vessels.

(P. 19)
Os tipos de peixes mais vistos nos Açores são: as vejas, congros, bicudas, moreias, meros, sargos, lirios, peixe-porco, enxareus, peixe-serra, salmonetes, salemas, tainhas, cherne, anxovas e garoupas, entre outros, e constituem o bem essencial desta classe que muito contribui para a gastronomia da região.

The most common types of fish in the Azores are parrotfish, conger, needlefish, moray eels, dusky groupers, sea-breams, almaco jacks, triggerfish, guelly jacks, sawfish, surmullets, salema, grey mullets, bluefish, blacktail combers, among others. They are the essential element of this class which has a decisive contribution to the region's cuisine.

Artesanato

A ilha possui um artesanto rico e variado, das quais destacamos: as mantas de tear, os bonecos e presépios em folha de milho e em lapinha, as flores artificiais, as peças em escamas de peixe, trabalhos em olaria e os registos do Senhor Santo Cristo.

The island offers rich and varied handicrafts, characterised by he use of local materials that, worked by the hands of artisans, are transformed into beautiful pieces, of which we highlight loom blankets, corn leaf and lapinha dolls and nativity scenes (the lapinha ones made out of artificial flowers, fish-scales, wax, paper and cotton), artificial flowers, fish-scale pieces, pottery and Holy Christ registos (representations).

(P. 20 (esquerda/left))
As rendas, bordados e mantas de retalhos tecidas no tear, são as expressões mais belas do artesanato local.

Lacework and embroidery, patchwork handwoven quilts are some of the most beautiful examples of local handicrafts.

(P. 20 (cima/top))
É dos teares Nordestenses que saem os trajes para os grupos folclóricos da ilha, assumindo desta forma, um papel relevante na preservação da originalidade dos trajes tradicionais.

The costumes for the folk dancing group of the island, come from Nordeste's looms. Nordeste is important in the preservation of the authenticity of these traditional costumes.

(P. 20 (baixo/bottom))
A OLARIA, exibe peças singelas em barro vermelho não vidrado, que até há poucos anos eram utilizadas no quotidiano das gentes locais.

The EARTHENWANE POTTERY, is made of unglazed red clay, and until recently it was used for household utensils.

(P. 21)
A OLARIA é o fruto do labor das mãos habilidosas que modelam o barro.

The POTTERY is the fruit of the labour of skilful hands that mould the clay.

Gastronomia

Cuisine

Possui uma gastronomia muito diversificada e suculenta, que deleita não só o paladar dos micaelenses como também o dos que visitam esta ilha. Alguns pratos tradicionais da ilha de São Miguel são: o polvo guisado em vinho de cheiro, fervedouro e caldo azedo, torresmos, lapas, o arroz de lapas e o Molho de Afonso, caldeiradas de peixe, e o prato mais emblemático da ilha, o cozido das Furnas. É cozido nas caldeiras naturais da Lagoa das Furnas. Os vários ingredientes são colocados numa panela, que é enterrada no solo, levando cerca de 5 a 6 horas a cozer pelo calor natural emanado da actividade vulcânica.

The island features a quite diversified and succulent cuisine, which not only delights its inhabitants but visitors alike. Some of S. Miguel's traditional dishes are stewed octopus in the traditional cheiro wine, sour boil-up and broth, pork cracklings, limpets, limpet rice and the Afonso Sauce, fish-stew and the most characteristic dish of the island, the Cozido das Furnas (boiled meat and vegetables). Boiled in the natural hot springs next to the Furnas Crater Lake, its several ingredients are put inside a pot which is buried in the soil for 5 to 6 hours, the time it takes the natural heat of the volcanic activity to boil the food.

(P. 22/23)
Cozido das Furnas – um dos mais conhecidos pratos típicos da ilha, cozinhado no forno geotermal patrocinado pela natureza.

Cozido das Furnas (boiled meat and vegetables), cooked in geothermal "ovens" offered by nature, is one of the most well-known typical dishes of the island.

Casario típico Typical houses

Um dos aspectos do património urbanístico e arquitetónico da ilha de São Miguel encontra-se representado na arquitectura típica das suas habitações.

One of the typical aspects of the urban and architectonic heritage of S. Miguel Island can be found in the typical architecture of its houses.

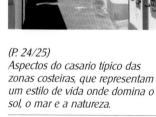

(P. 24/25)
Aspectos do casario típico das zonas costeiras, que representam um estilo de vida onde domina o sol, o mar e a natureza.

Aspects of the typical houses of coastal areas, which represent a lifestyle in which sun, sea and nature are the most dominant elements.

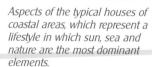

As Festas do Senhor Santo Cristo

Feast of the Holy Christ

As Festas do Senhor Santo Cristo, exaltam uma das maiores devoções da Ilha de São Miguel num espetáculo de grande beleza. Esta devoção mobiliza milhares de fiéis de todas as ilhas e de todo o mundo, principalmente emigrantes, pagando as suas promessas.

Realizam-se no quinto domingo após a Páscoa e o ponto alto de religiosidade é a procissão, onde se percorre as principais ruas da cidade de Ponta Delgada. As ruas são decoradas de flores, artistica-

(P. 26/27)
interior da Igreja de São Pedro, em Ponta Delgada, datada dos séculos XVI e XVII, classificada como Imóvel de Interesse Público.

Interior of St. Peter's Church in Ponta Delgada. It dates back to the 17th century.

The Feast of the Holy Christ glorifies one of the biggest religious devotions of S. Miguel Island in a spectacle of great beauty. This devotion mobilises thousands of worshippers from all the islands and from the entire world, mainly emigrants fulfilling their promises.

The feast takes place on the fifth Sunday after Easter and the highest religious point is the procession, which runs through the main streets of the city of Ponta Delgada. The streets are covered with flow-

(P. 28/29)
Na Igreja e Convento da Esperança do séc. XVI, venera-se a imagem do Senhor Santo Cristo.

At the Church and Convent of Esperença, the statue of Our Lord Christ (Senhor Santo Cristo) has been worshipped since the 16 th century.

mente dispostas, formando lindos e coloridos tapetes contrastando com o negro das vestes. Nas janelas são dispostas mantas tradicionais e coloridas. Ao longo destas concentram-se multidões para ver passar a imagem e os devotos carregando grandes círios. São dispostos arcos e iluminações feéricas, embelezando a cidade à noite com luz.

Estas festas possuem, não só uma componente religiosa, mas também profana, com feiras, exposições e as tradicionais tasquinhas com comes e bebes de produtos regionais.

ers that are artistically laid down, forming wonderful and colourful carpets and contrasting with the dark clothes. Traditional and colourful quilts are placed in windows, and crowds fill the streets to see the statue and the pilgrims carrying large candles. Arches and a dazzling illumination are placed along the streets, providing the city with an additional beauty and light during the night.

Along with its religious side, this feast also features a secular component, with fairs, exhibits and the traditional stalls with refreshments made from regional products.

(P. 30)
A imagem do Senhor Santo Cristo no final da festa é colocada no "coro baixo" novamente, onde permanecerá durante mais um ano.

The statute of the Holy Christ is once again place at the low choir at the end of the feast, where it will stay for another year.

(P. 31 (centro/center))
As festas do Senhor Santo Cristo, profundamente enraizadas na alma e cultura dos micaelenses.

The festivities in honour of Senhor Santo Cristo are firmly rooted in the souls and culture of the islanders.

(P. 31 (cima/top))
A procissão com milhares de fiéis, percorre as ruas profusamente ordenadas com flores.

The procession with thousands of believers, covers the city streets which are profusely carpeted with flowers.

(P. 31 (baixo/bottom))
É um evento religioso muito vivido e sentido, onde se cumprem promessas e fazem-se pedidos ao Senhor.

It is a religious event of great importance, to repay their "promises" and ask favours to the Lord.

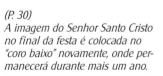

Romeiros (Pilgrims)

A tradição das romarias surgiu como necessidade de demonstrar a fé e devoção mariana, em seguimento de terríveis acidentes naturais no sec. XVI, sendo estes entendidos como uma punição divina perante as ações dos homens, que esperavam assim conseguir o perdão pelos seus pecados e agradecer o que de melhor tiveram ao longo da sua vida.

The tradition of the romarias, a particular type of pilgrimages, originates in the people's need of demonstrating their faith and devotion to the Virgin Mary, following the terrible natural disasters of the 16th century, which were perceived as a divine punishment for human action. People, therefore, expected to get their sins pardoned and to give thanks for the best they had been provided in their lives.

(P. 32/33)
A cidade engalana-se com arcos e iluminações feéricas. À festa religiosa junta-se a alegria do arraial profano.

The city is filled with decorative arches and marvellous lights. To the religious festivities are added more joyful secular aspects.

(P. 34 (cima/top))
Trazem na mão o bordão de madeira, feitos à medida, trajando hábitos tradicionais com muito simbolismo.

They carry in their hands a tailor-made wooden stick and wear traditional clothes with a deep symbolism.

(P. 34 (baixo/bottom))
Caminhando pelas veredas e atalhos de São Miguel.

Walking along S. Miguel's trails and shortcuts.

(P. 35)
Romaria Quaresmal micaelense.

Romarias (Pilgrimages) during Lent on S. Miguel Island.

Festas do Espírito Santo
Festivals of the Holy Ghost

As raízes das famosas Festas do Espírito Santo remontam aos séculos XIII e XIV, encontrando-se atualmente enraizadas. Celebram-se entre os meses de Abril e Setembro mas com características diferentes de povoação para povoação. O culto surgiu aquando das catástofres naturais que apo-quentavam a ilha, mas também devido à vida difícil e ao isolamento da própria ilha.

Atualmente, as festas em louvor da Terceira Pessoa da Santíssima Trindade realizam pelas várias freguesias, onde cada uma possui a sua "irmandade" (espécie de con-

(P. 36)
Desfile de símbolos que marcam as celebrações em honra do divino – a bandeira e a coroa.

A procession with the symbols that characterise Holy Ghost celebrations: the flag and the crown.

(P. 37)
Rituais da procissão das Festas do Espírito Santo.

Rituals during the procession of a Holy Ghost Festival.

fraria) formada por "irmãos" onde são sorteados os cargos para mordomos do ano seguinte.

Os irmãos que tiveram as seis primeiras domingas têm a responsabilidade de realizar a sua respectiva coroação. Para tal, é ornamentado o melhor quarto da casa para receber a coroa, a placa e o ceptro. O auge da festa realiza-se na Sétima Dominga, altura em que o "imperador" tem a incumbência de distribuir as pensões (pão, carne, massa sovada e vinho) e o "império" onde são distribuídas as sopas do Espírito Santo.

The origins of the famous Festivals of the Holy Ghost date back to the 13th and 14th centuries, and these festivals are currently deeply rooted on the island. They are celebrated between April and September, with some characteristics changing from one village to another. The cult began not only with the natural disasters that struck the island, but also because of the island's isolation and its inhabitants' hard life.

Currently, the festivals in honour of the third person of the Trinity take place in several villages, with each of them having its own "brotherhood" (a sort of fraternity formed by "brothers"), with the position of mordomo (organiser of the festival) being drawn for the following year.

The brothers who are awarded with the first six domingas (Sundays after Easter) have the responsibility of organising the respective coronation. For such an event, the best room of the house is ornamented to receive the crown, the plaque and the sceptre. The culmination of the festival is the Seventh Dominga, when the "Emperor" is in charge of handing out the pensões (bread, meat, Portuguese sweet bread and wine) and of the "empire," where the traditional Holy Ghost meat soups are distributed.

Outras Festividades

Procissão de São Pedro
Outra curiosa festa micaelense, que se realiza de 7 em 7 anos.

St. Peter's Procession
Another curious feast on S. Miguel Island, that takes places every 7 years.

(P. 38 (cima/top))
Procissão de São Pedro

Procession of São Pedro

(P. 38 (baixo/bottom))
A Festa do Foral proporciona aos visitantes um recuo no tempo até à época medieval.

The Foral Festival provides visitors with a turn back in time to the medieval period.

Foral (Feira Quinhentista)
A 4 de Agosto de 1507, por Foral de D. Manuel I, a Ribeira Grande é elevada à categoria de Vila. Nos séculos XVIII e XIX, as plantações de algodão e as indústrias de lã foram o motor da economia da Ribeira Grande, levando ao seu crescimento e prosperação. Estavam assim criadas as condições para a sua elevação a cidade, em 29 de Junho de 1981.

Foral (16th Century Fair)
On August 4, 1507, a Foral (Charter) of King Manuel I granted Ribeira Grande the status town. In the 18th and 19th centuries, cotton plantations and wool factories were the driving force of Ribeira Grande's economy, leading to its development and prosperity. The conditions to award Ribeira Grande the status of city were thus created, with the distinction coming on June 29, 1981.

Cavalhadas de São Pedro

Inspiradas nos torneios medievais, surgem as Cavalhadas, onde trajados a rigor, dezenas de cavaleiros desfilam vestidos de branco com capas e faixas vermelhas, num percurso que tem início no Solar de Mafoma, ao som de cornetas, e segue para a Igreja de São Pedro, onde lhe é prestada homenagem.

Carvalhadas de S. Pedro (St. Peter's Jousts)

Inspired in medieval tournaments, the Jousts feature dozens of horsemen, wearing formal white garments with red capes and bands. Their route starts at the Mafoma Manor-House at the sound of trumpets and continues to St. Peter's Church, where they are paid tribute.

(P. 38/39)
Cavalhadas de São Pedro, esta velha tradição evoca os antigos torneios de cavalaria medieval.

The Cavalhadas of São Pedro, this age-old tradition has it origin in the medieval horse tournaments.

Marchas de São João da Vila
(St. John's Popular Celebrations)

As festas de São João constituem um excelente cartaz turístico de Vila Franca do Campo. Em noite de São João as principais ruas enchem-se de alegria, música e cor, motivada pelas marchas secretamente ensaiadas e acompanhadas por filarmónicas. É o sino da torre da Câmara, após uma missa em honra de São João, que anuncia a alvorada e o fim da longa noite.

St. John's Festival is an excellent tourist attraction of Vila Franca do Campo. On St. John's Eve, the main streets of the town are filled with joy, music and colour, induced by the secretly rehearsed dance parades accompanied by brass bands. Dawn is announced by the bell of the Town Hall's tower after a mass in honour of St. John is held.

(P. 40 (esquerda/left))
O São João da Vila é o mais forte emblema do concelho.

The St. John's (São João) celebrations are Vila Franca key trademark.

(P. 40/41)
As tradicionais marchas populares trazem cor e musicalidade às ruas.

The traditional popular dancing parades bring colour and music to the streets.

Festa do Senhor dos Passos

A Procissão do Senhor dos Passos da Ribeira Grande realiza-se no 3º Domingo da Quaresma. O percurso é efetuado em várias capelinhas (conhecidas por "passos") das paróquias da Conceição e Matriz, constituindo assim pontos de paragem da Procissão.

Os Maios

A velha tradição dos "Maios" (bonecos) é recordada um pouco por toda a ilha, representando acontecimentos do quotidiano. No 1.º de Maio, são colocados nas casas de habitação, enfeitando varandas e jardins, nas escolas, nas empresas, em instituições e nos locais públicos (nas ruas e largos). Muitas vezes fazem-se acompanhar por críticas e por dizeres com humor.

As origens desta tradição remontam às festas pagãs da Roma antiga. Com o passar dos tempos os "Maios" apareciam para dar as boas vindas ao mês de Maio. Numa espécie de apelo às boas colheitas, muitos eram expostos nos prados como forma a agradar os espíritos. Atualmente, simboliza a chegada da Primavera e o dia do Trabalhador.

(P. 42)
Procissão de Senhor dos Passos.

Procession of Senhor dos Passos

(P. 43)
Os Maios – feitos artesanalmente por mãos hábeis, são bonecos vestidos com trajes tradicionais que se fazem acompanhar por quadras que satirizam a atualidade social e política.

Home-crafted by skilful hands, the Maios (Human-sized Dolls) wear traditional clothes and have at their side some verses featuring a social and political satire.

Feast of Our Lord of the Stations of the Cross

The Procession of Our Lord of the Stations takes place in Ribeira Grande in the 3rd Sunday of Lent. Its route passes by several chapels, known as passos (Stations of the Cross), in the Conceição and Matriz parishes, which are stopping points of the Procession.

Maios (Human-sized Dolls)

The old tradition of the Maios is relived throughout the island, representing everyday-life events. People place the Maios outside their houses, decorating balconies and gardens, and also outside schools, companies and institutions and in public places (on streets and squares). Near them, one often finds some satirical verses.

The origins of this tradition date back to the pagan festivals of Ancient Rome. With the progress of time, the Maios appear to welcome the month of May, in a sort of appeal for a good harvest, and many were displayed in fields to please the spirits. Currently, they symbolise the arrival of spring and Labour Day.

Observação de Cetáceos e Vida Marinha
Whale Watching and Marine Life

O mar açoriano é um verdadeiro paraíso para o Whale Watching encontrando-se entre os três melhores locais do mundo para a observação de cetáceos, sendo por isso considerado um famoso cartão-de-visita.

The Azores Sea is a true paradise for whale watching and is considered one of the three best places on Earth to watch cetaceans, which turns it into a famous visiting card for the region.

(P. 44 (cima/top))
Golfinhos − São várias as espécies vistas no mar dos Açores.

Dolphins are one of the most common species in the Azores sea.

(P. 44 (baixo/bottom))
Cachalote − Facéis de identificar pelo espirro de água que emitem a partir do orifício situado na parte superior da sua cabeça.

Sperm Whales are easily spotted by the stream of water coming out of their blowhole located in the top section of their head.

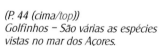

Atividades de entretenimento e desporto
Entertainment and Sports Activities

A costa da ilha oferece condições para passeios de barco, como forma excelente de conhecer toda a beleza do seu litoral, ao mesmo tempo que desfruta do prazer do mar, onde se destaca o contraste do azul oceânico com o verde da Ilha.

The island's coast offers ideal conditions for boating, an excellent way of getting to know all the beauty of its seaside, while you enjoy the pleasures provided by the sea, especially the contrast between the oceanic blue and the island green.

(P. 44/45)
O mar dos Açores é um santuário com mais de 25 espécies de cetáceos, onde é possível admirar o canto das baleias, o sopro de um cachalote e as brincadeiras dos golfinhos.

The Azores sea is a sanctuary with more than 25 cetacean species, where one can admire whales singing, sperm whales blowing and dolphins playing.

Os passeios pelas águas micaelenses são igualmente favoráveis à prática da vela, onde terá oportunidade de observar baías e magestosos ilhéus. O "surf", "bodyboard" e o "windsurf", são outros desportos náuticos passíveis de prática no mar de São Miguel.

The waters around S. Miguel are equally good for sailing, an activity which allows you to observe the island's bays and majestic islets. Surf, bodyboard and windsurf are some of the other sports that can be practiced in the island's sea.

(P. 46 (esquerda/left))
A imensidão do mar, onde geralmente sopram ventos moderados, oferece condições aliciantes para a prática da vela.

The immense ocean, generally enjoys moderate breezes which offer enticing conditions for sailing.

(P. 46 (centro/center))
O relevo acidentado da ilha convida à aventura do voo silencioso da asa delta e do parapente.

The rugged terrain of the island invites to the silent flight adventure of hang gliding and paragliding.

(P. 46/47)
Batido por vagas alterosas, o mar dos Açores é muito procurado pelos amantes de surf, que proporcionam um emocionante espetáculo com as suas proezas aquáticas.

With its towering waves is very sought after by surf lovers who offer a unique show with their thrilling manoeuvres.

(P. 48 (cima esquerda/top left))
Forma excelente de conhecer a beleza da costa da ilha e, ao mesmo tempo, desfrutar do prazer do mar.

An excellent way of getting to know the beauty of the island's coast and, at the same time, of savouring the pleasures of the sea.

(P. 48 (cima direita/top right))
Passeios de charrete – onde se pode aproveitar a fantástica paisagem envolvente.

Cart tours in which one can savour the fantastic surrounding scenery.

(P. 48 (baixo/bottom))
A ilha apresenta boas praias para a prática do Surf, principalmente as localizadas na costa norte.

The island features some good beaches to surf at, mainly those located on the north coast.

(P. 49 (cima/top))
A prática da canoagem é possível em algumas lagoas da ilha.

The canoeing can be practised in some lakes of the island.

(P. 49 (baixo/bottom))
Realizam-se várias provas internacionais de parapente.

Several international paragliding events take place.

Os passeios a cavalo ou de charrete são outra forma deslumbrante de descobrir a paisagem micaelense, onde através do ritmo do galope terá a oportunidade de observar cenários do mar e da serra.

O céu de São Miguel é considerado, por especialista da modalidade, como ideal para a prática do parapente, onde é possível alcançar um cenário naturalmente inesquecível.

Horse riding and cart tours are another dazzling way of uncovering S. Miguel's scenery, with the rhythm of the trot providing you with the opportunity of observing sea and mountainous landscapes.

Experts on the subject consider S. Miguel's sky to be ideal for paragliding, an activity from which one can come across naturally unforgettable scenery.

O Litoral

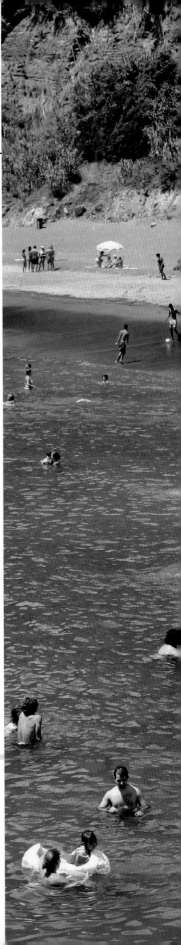

The seaside

O litoral da ilha de mar azul, com suas águas límpidas, calmas e de temperatura amena são convidativas à prática da natação.

A contrastar com o litoral escarpado da ilha, podem ser encontradas algumas praias de areia, outras de calhau, ou mesmo piscinas naturais abertas ao mar, constituindo pontos de lazer e, igualmente, dedicados e preparados para a prática da natação.

The island's seaside with its blue sea, offering clean, calm and mild water, invite you to go for a swim.

Contrasting with the cliffs along the island's coast, some sand and pebble beaches and natural swimming pools entering the sea provide you with leisure areas, together with others dedicated and prepared for swimming.

(P. 50/51)
A natação nas águas límpidas do oceano, em piscinas naturais ou nas acolhedoras praias da costa, são boas opções para passar ótimos momentos em contacto com o mar.

One can swim in the limpid ocean waters, in natural swimming pools, or at the welcoming beaches of the south coast offer, offer good opportunities to spend happy moments by the sea.

(P. 52/53)
O empreendimento emblemático Portas do Mar, com uma panorâmica sublime sobre a cidade, permite desfrutar de um novo enquadramento visual de Ponta Delgada.

The emblematic undertaking of Portas do Mar (Gates of the Sea), with a sublime outlook over the city, allows us to both enjoy a new visual framing of Ponta Delgada.

Ponta Delgada

Cidade plana, rectangular, com um comprimento de cerca de três quilómetros, desenvolvendo-se paralelamente à linda baía natural sobre a qual se debruça, adaptando-se às inflexões e acidentes de costa. Ponta Delgada, é bem um reflexo da amálgama de estilos, conceções artísticas e urbanísticas que vigoraram ao longo da sua existência.

A flat, rectangular city of about 3 kilometres in length, Ponta Delgada has developed around a lovely, natural bay and has adapted itself to the indented and rugged coast-line. The city reflects the mixture of architectural styles and urban planning that have been influential throughout its history.

(P. 54/55)
Aspectos da evolução da arquitectura da cidade constituída por três especificidades: a arquitectura doméstica, a religiosa e a turística.

Aspects of the architectural evolution of the city, formed by three particularities: the domestic, religious and tourist architecture.

(P. 56)
Campo de São Francisco e o Santuário de Nossa Senhora da Esperança.

São Francisco Square and Our Lady
of the Hope Shrine.

(P. 57)
Cores e varandas do casario característico da cidade de Ponta Delgada.

Colours and balconies of Ponta
Delgada's typical houses.

(P. 58 (cima/top))
Aeroporto João Paulo II.

João Paulo II Airport

(P. 58 (centro/center))
A Alameda do Mar é um espaço onde a mote advém da vivência da arte do espetáculo , em concertos de uma musicalidade ímpar.

The Sea Lane is a space whose motto derives from the experience of entertainment, where unique music concerts have been highlighted.

(P. 58 (baixo/bottom)/59)
As Portas do Mar harmonizam, num só espaço, um Cais de Cruzeiros, uma marina, um pavilhão multiusos e diversas galerias comerciais.

"Portas do Mar" harmonizes, in one space only, a Cruise Peer, a Marine, a multi-purpose pavilion and several commercial galleries.

Saída de Ponta Delgada passando por Relva, estrada do Pico do Carvão (com magnífica vista sobre a costa norte e sul da ilha), Lagoas do Carvão e do Canário, até atingir a Vista do Rei, onde se desfruta de uma extraordinária panorâmica sobre a Lagoa das Sete Cidades. Descida para a povoação das Sete Cidades, parando no Miradouro do Cerrado das Freiras. Saída da cratera pela estrada da Seara. Regresso a Ponta Delgada por Várzea, Ginetes, Candelária, Feteiras e Relva.

Leaving Ponta Delgada and passing Relva, take the road to Pico do Carvão (with a magnificent panorama over the North and South coasts of the island), pass the lakes of Carvão and Canário until reaching Vista do Rei, where one can enjoy an extraordinary panorama over the Lakes of Sete Cidades. Descend into to the village of Sete Cidades, stopping at the scenic overlook of Cerrado das Freiras. Leave the crater by the Seara road and return to Ponta Delgada by Várzea, Ginetes, Candelária, Feteiras and Relva.

(P. 60 (esquerda/left)
Lagoa das Sete Cidades – as encostas escarpadas da cratera constituem uma paisagem fascinante.

Sete Cidades Lake – the steep sides of the crater create a fascinating sight.

(P. 60/61 (cima/top) / P. 61 (baixo esquerda/bottom left))
Sete Cidades – pitorescos jardins com magníficas árvores e maciços de azáleas, é considerada paisagem protegida.

Sete Cidades – delightful garden of magnificent trees and banks of hydrangeas and azaleas, is a protected conservation area.

(P. 60 (baixo direita/bottom right))
Freguesia das Sete Cidades – Situada junto à margem das Lagoas, esta é uma bucólica e encantadora freguesia.

Sete Cidades parish – This is a charming and bucolic parish situated along the margins of the lake.

O concelho de Ponta Delgada é repleto de belezas naturais cobertas de exuberante vegetação, de lagoas de enorme beleza alojadas em crateras de vulcões extintos e por numerosos miradouros que proporcionam vistas deslumbrantes. A paisagem deste concelho constitui, no seu todo, um óptimo cartão-de--visita, impressionando todos aqueles que aqui vêm.

As Sete Cidades, a oeste, uma caldeira de 12km de perímetro em que se encontram duas lagoas geminadas, a Lagoa Verde e a Lagoa Azul. A calma das águas e a doçura das hortênsias que orlam

The municipality of Ponta Delgada is blessed by natural beauties with exuberant vegetations, breathtakingly beautiful lakes within the craters of extinct vocanoes and numerous belvederes that offer dazzling views. The countryside of this municipality is. Overrall, a marvellouns visiting card, which impresses all who visit it.

Sete Cidades, in the West, is a crater with a 12km perimeter where one can find two twin lakes, the Green Lake and the Blue Lake. The tranquillity of the waters and the sweetness of the hydrangeas, which border the crater rim and

(P. 62/63)
Uma caldeira com duas lagoas geminadas, a Lagoa Verde e a Lagoa Azul.

A crater where one can find two twin lakes, the Green lake and the Blue lake.

(P. 63 (cima/top))
Lagoa das Empadadas

Empadadas Lake

(P. 63 (centro/center))
Lagoa de Santiago

Santiago Lake

as cristas da caldeira, em contraste com as encostas escarpadas da cratera, constituem uma paisagem fascinante. No interior da caldeira a pitoresca povoação das Sete Cidades, com curiosas casas de arquitetura popular, verdejantes pastagens e um pitoresco jardim, com magníficas árvores e maciços de azáleas e hortênsias, é considerada paisagem protegida.

O topónimo das Sete Cidades crê-se que terá origem da sequência de sete crateras resultantes de erupções que deram origem às lagoas Verde, Azul, Rasa, Santiago, Caldeiras Secas e Alferes.

Várias lendas explicam o aparecimento deste lugar idílico. A mais singela conta os amores contrariados de uma princesa de olhos azuis e de um pastor de olhos verdes que, ao chorarem a sua infelicidade, formaram as duas lagoas e assim ficaram juntos para sempre. Também se atribui o nome de Sete Cidades à lenda que diz que sete bispos católicos fugiram à invasão mulçumana da península ibérica, estabelecendo-se neste lugar.

contrast the steep sides of the crater, create a fascinating sight. The crater's interior, with the traditional architecture of the picturesque village of Sete Cidades, its verdant pastures and its delightful garden of magnificent trees and banks of hydrangeas and azaleas, is a protected conservation area.

The name of the Sete Cidades is thought to have its origin in the sequence of seven craters resulting from volcanic eruptions, which gave origin to the Verde, Azul, Rasa, Santiago, Caldeiras Secas and Alferes lakes.

Various legends explain the apperance of this idyllic place. The most common one tells the storry of the ill-fated love of blue eyes princess for a green eyed shepherd. When they wept in sorrow because of their forbidden love, their tears formed the twun lakes and so, they were forever united. Sete Cidades' name is also related to a legend telling that seven catholic bishops fled the Arab invasion of the iberian peninsula, came to this place and stayed.

(P. 63 (baixo/bottom))
A Lagoa Azul e os terrenos planos que a circundam proporcionam passeios revigorantes.

The Blue lake and the surrounding flat lands. Horseback riding is one way of spending a day of leisure.

(P. 64 (cima esquerda/ top left))
A beleza das margens da Lagoa Verde, a tranquilidade e o silêncio.

Admire the beauty of its margins of the Green Lake, the tranquility and silence.

(P. 64 (cima direita/top right))
No Miradouro do Cerrado das Freiras, pode-se vislumbrar uma extraordinária panorâmica sobre as Lagoas das Sete Cidades.

The Cerrado das Freiras Vantage Point, it offers a magnificent panorama over the Sete Cidades lakes.

(P. 65)
Miradouro do Canário − neste miradouro pode-se vislumbrar a Lagoa das Sete Cidades e de Santiago.

Canário Belvedere − It offers a view over the Sete Cidades lake and Santiago.

(P. 64 (baixo/bottom))
Parque no Canário − É composto pela Lagoa do Canário e por um parque florestal.

The Canário Park − Consists of the Canário lake and a forestry park.

Mosteiros, zona turística por excelência muito procurada por diversas pessoas que aqui vêm em busca de paz e sossego. Para além das belezas naturais que envolvem este lugar, onde se destacam os quatro ilhéus dos Mosteiros "ex--líbris" da freguesia, esta localidade tem para oferecer, aos visitantes e locais, o seu pequeno porto de pescas, a praia de areia escura, as várias piscinas naturais entre as lavas basálticas e um agradável passeio ao longo do litoral.

The Mosteiros, this is the major tourist attraction, popular with those seeking peace and quiet. As well as the natural beauty of the area, where the four islets are a key attraction, both visitors and locals can also appreciate its small fishing port, the dark sandy beach, several natural swimming pools built among the basalt rocks, or a pleasant outing along the coast.

(P. 66/67)
Os quatro curiosos ilhéus da freguesia dos Mosteiros.

The parish of Mosteiros and its four curious islets.

(P. 67)
Praia das Milícias − quem procura as águas do mar e o sol para passar momentos agradáveis.

The Milícias beach − Those looking for sunshine and the sea to enjoy some relaxing hours.

(P. 68 (cima/top))
Novo emprendimento que trouxe modernidade e funcionalidade ao turismo.

This new enterprice has brought the necessary modernity and functionality to the tourism.

(P. 69 (cima/top))
Portas da Cidade – construção do séc. XVIII, é um verdadeiro "ex-líbris" da cidade.

The City Gates – Construction which dates back to the 18th century, is the "ex-libris" of Ponta Delgada.

A cidade de Ponta Delgada é possuidora de um encantador património construído o qual se orgulha, ao mesmo tempo que rodeada por uma esplendorosa natureza, que delicia quem a visita. Hoje em dia, pela cidade respira-se história, quer pelas suas igrejas e ermidas, palácios e solares, quer pelos seus jardins românticos, sempre tão aprazíveis.

O mais emblemático dos monumentos será as Portas da Cidade (classificado como Imóvel de Interesse Público) que convida todos a descobrirem toda a arte e história escondidas por detrás delas, monumento considerado verdadeiro "ex-libris" da ilha.

The city of Ponta Delgada features a captivating building heritage, of which its inhabitants are proud, yet at the same time, the city is surrounded by a splendid nature which delights visitors. Today, one breathes history through the city, both in its churches, chapels, palaces and manor-houses, and in its always pleasant romantic gardens.

The Portas da Cidade (City Gates) are probably the most emblematic monument. Classified as a Construction of Public Interest, they invite everyone to discover all the art and history hidden behind them, and are considerate a true symbol of the island.

(P. 68/69)
Na abertura dos Açores ao mundo as Portas do Mar são "uma passadeira para o Atlântico" e para as "ilhas de Bruma".

In the opening of Azores to the world, Portas do Mar are "a walkway to the Atlantic" and to the "ilhas de Bruma".

Ribeira Grande

O concelho da Ribeira Grande oferece aos visitantes sugestivos recantos paisagísticos. Nele o verde matizado dos campos, a alvura dos povoados, a frescura das ribeiras, a tranquilidade das lagoas e a majestade das montanhas, em fundo de mar e céu azul, misturam-se harmoniosamente numa paisagem sem igual.

The municipality of Ribeira Grande has much to offer the visitors in terms of scenery: the green fields, white houses, the freshness of the streams, the tranquility of the lakes and the majestic mountains set against the blue ocean and sky come together harmoniously forming a landscape on unparalleled beauty.

(P. 72 (cima/*top*))
Maia – Situada numa ponta de terra chã, junto ao mar, com um pequeno porto de pesca.

Maia – it is located on a piece of flat land by the sea ans has a small fishing port.

(P. 73 (cima direita/*top right*))
Miradouro de Santa Iria, situado numa alta ravina sobre o mar, abrange toda a costa norte.

Santa Iria Belvedere, which is located on a high cliff overlooking the ocean and the north coast.

(P. 70/71, 72 (baixo/*bottom*))
Lagoa do Fogo – a enorme lagoa com águas transparentes e praias de areia branca.

Lagoa do Fogo – The enormous lake with is limpid waters and white sand beaches.

(P. 73 (esquerda/*left*))
Porto Formoso – O nome advém do seu porto, abrigado ao fundo de uma belíssima enseada, daí formoso.

Porto Formoso – The name derives from its port, sheltered in a beautiful little bay.

(P. 73 (centro direita /*center right*))
Lagoa de São Brás – é uma lagoa de pequenas dimensões encravada no seio da natureza tranquila.

Lagoa de São Brás – is a small lagonn set among the tranquility of nature.

(P. 73 (baixo/*bottom*))
Miradouro de Santa Iria, proporciona uma agradável panorâmica sobre a costa norte da ilha e da Ponta do Cintrão.

Santa Iria belvedere, offers a pleasant view over the northern coast of the island and to the Ponta do Cintrão.

Esta cidade conserva um interessante conjunto arquitetónico, tipicamente micaelense, de construções em basalto com janelas e decorações originais. São exemplos as igrejas, ermidas, conventos e solares, bem como outros monumentos: PAÇOS DO CONCELHO, elegante edifício dos sécs. XVI-XVII, típico exemplar da arquitetura civil açoriana, FONTENÁRIO – construção do séc. XVI, vestígio da antiga povoação da Ribeira Seca destruída pela erupção vulcânica de 1563, PONTE DOS OITO ARCOS – constitui um dos "ex-líbris" da cidade da Ribeira Grande, o MERCADO, os MOINHOS DA CONDESSA – conjunto de onze moinhos de água e respectivo canal artificial de transporte de água, o MUSEU MUNICIPAL, instalado no antigo solar de São Vicente, belo exemplar de arquitectura setecentista, apresenta colecções de azulejaria, cerâmica e etnografia, que vão do séc. XVI aos nossos dias e o MUSEU DA EMIGRAÇÃO AÇORIANA – possui um espólio riquíssimo.

The town is of particular architectural interest, with constructions in basalt stone, which are typical of são miguel, featuring original windows and decorative features. Are examples the churches, chapel's, convents and the mansion's, as others monuments: the CITY HALL – An elegant building from the 16th and 17th centuries, it is a good example of civil Azorean architecture, the FOUNTAIN – Built in the 16th century, it was partly buried by lava in the eruption of 1563 which destroyed the village of Ribeira Seca, EIGHT-ARCH BRIDGE – It is one of Ribeira Grande's symbols, the RIBEIRA GRANDE MARKET, the CONDESSA MILLS – They feature a set of eleven watermills and the respective water canal, MUNICIPAL MUSEUM -installed in the former São Vicente country house, this is a fine example of 18th century architecture, containing collections of handpainted tiles, ceramics and ethnographic objects, from the 16th century to the present and MUSEUM OF THE AZOREAN EMIGRANT, this Museum possesses a rich collection.

(P. 78 (centro esquerda/center left))
Paços do Concelho – data do séc. XVI-XVII, o edifício da Câmara desempenha um papel importante na memória da cidade, física e simbolicamente.

City Hall – Dates from 16th-17th centuries, the building of the Chamber House plays an important role in the memory of the city, physically and symbolically.

(P. 78 (baixo esquerda/bottom left))
Arquitectura típica da cidade da Ribeira Grande.

Typical architecture of the city of Ribeira Grande.

(P. 78 (cima esquerda/top left))
Jardim do Paraíso e a Ponte dos Oito Arcos – Localizado em pleno centro histórico da cidade da Ribeira Grande, é um aprazível e bonito jardim atravessado pela grande ribeira que lhe dá o nome. A ponte constitui um dos "ex-líbris" da cidade.

Jardim do Paraíso (Paradise Garden) and the Eight -arch bridge- lying in the historic centre of the municipality of Ribeira Grande, this attractive garden is traversed by the river which lends its name to the town. The bridge it is one of Ribeira Grade's symbols.

(P. 74 (centro direita/center right))
Igreja do Senhor dos Passos

The Church of Senhor dos Passos

(P. 75)
Igreja Matriz – Dedicada a Nossa Senhora da Estrela, é um Imóvel de Interesse Público.

Mother Church – dedicated to Nossa Senhora da Estrela, is a building of public interest.

Na Ribeira Grande, as CALDEIRAS, pequeno núcleo de fumarolas envolvidas por arvoredo, com casario pitoresco, antigo estabelecimento termal e, ainda, o VALE DAS LOMBADAS, onde brota a nascente de água mineral do mesmo nome, situado numa zona considerada Reserva Natural. Para leste, a PRAIA DOS MOINHOS, situada na freguesia do Porto Formoso, amplo areal de águas tranquilas e curiosas azenhas, e, na Gorreana e em Porto Formoso, as CULTURAS DO CHÁ.

A CALDEIRA VELHA, localizada a meia encosta do vulcão da Lagoa do Fogo, reúne uma ribeira de

Near Ribeira Grande one can find the CALDEIRAS, a small group of hot springs surrounded by forest, with picturesque houses and an old thermal centre. Further on there is the VALLEY OF LOMBADAS, with the mineral water springs of the same name, which is a protected conservation area. To the East, the MOINHOS BEACH, situated in the village of Porto Formoso, is a large sandy beach with tranquil waters and many typical water mills, and nearby at Gorreana and Porto Formoso one can find the TEA PLANTATIONS.

CALDEIRA VELHA, situated half way down the slopes of Lagoa da

(P. 76 (centro/center))
Lagoa do Fogo – esta lagoa ocupa uma grande caldeira de um vulcão, no centro da ilha, rodeada de densa vegetação endémica.

Lagoa do Fogo – This lake occupies a huge crater in the volcanic massif in the centre of the island, and is surrounded by dense endemic vegetation.

(P. 76 (baixo/bottom))
A Estrada que liga a Ribeira Grande à Lagoa do Fogo proporciona belas panorâmicas ao longo do seu percurso.

The road between Ribeira Grande and Lagoa do Fogo has wonderful scenery.

(P. 76/77)
Além de estar classificada como Reserva Natural, a Lagoa do Fogo e terrenos adjacentes, fazem parte da Rede Natura 2000, encontrando-se classificada pela Directiva Habitats como Sítio de Importância Comunitária.

As well as being classified as a Nature Reserve, the Lagoa do Fogo and surrounding land are part of the Natura 2000 Network, classified by the Habitats Directive as a Site of Community Importance.

águas tépidas, onde um pequeno lago convida a um banho reparador, e uma caldeira fumegante, debaixo de frondosa mata povoada de fetos arbóreos.

A LAGOA DO FOGO, no centro da ilha, ocupa a cratera de um vulcão extinto. Rodeada por alguma da vegetação original da ilha, a enorme lagoa com as suas águas transparentes, península e praias de areia branca, num ambiente de grande beleza e tranquilidade, é uma Reserva Natural classificada.

Fogo's volcano, is where a warm water river joins a steaming geyser to form a pool under the leafy forest of tree ferns, which invites one for a soothing bathe.

LAGOA DO FOGO, at the island's centre, is in the crater of an extinct volcano. Surrounded by endemic vegetation, the enormous lake with its limpid waters, peninsulas and white sand beaches is a place of great tranquillity and beauty and is classified as a Nature Reserve.

(P. 78 (baixo/bottom))
Caldeira Velha – a sua morfologia apresenta um relevo acidentado, um vale muito encaixado, uma ribeira com pequenos açudes e fortes caudais em determinadas épocas do ano.

Caldeira Velha – The land is uneven and steep, with a very deep valley, a stream with small dikes and strong currents at certain times of the year.

(P. 78 (cima esquerda/top left))
Caldeiras – localizada a meia encosta do vulcão da Lagoa do Fogo, possui um pequeno lago.

Caldeiras – situated haft way down the slopes of Lagoa do Fogo's volcano, is where a small lake.

(P. 78 (cima direita/top right))
Caldeira Velha – Monumento Natural Regional, pequeno lago de águas tépidas que convida a um banho relaxante.

Caldeira Velha – Regional Natural Monument, small pool with warm water which invetes for a relazing bath.

(P. 79)
A sua fisiografia com declives abruptos, zonas planas e declivosas, proporcionam o aparecimento de associações de vegetação natural e floresta exótica.

Its steep slopes, flat and sloping areas favour the growth of natural plant life exotic forest.

Nordeste

Antigamente conhecida como a décima ilha dos Açores – pela escassez de vias de Comunicação e consequente demora para lá chegar – o concelho de Nordeste, é hoje, uma das mais deslumbrantes regiões de S. Miguel e um dos melhores exemplos de ordenamento do território.

Vila interessante e pitoresca, no extremo oriental da ilha. A ponte (o seu ex-líbris), constituída de sete arcos, edificada em 1883, apresenta traços românicos e é uma das mais belas e maiores de São Miguel. Neste concelho situam-se alguns dos mais esplendorosos miradouros, como o da Ponta da Madrugada e da Ponta do Sossego.

Formerly known as the tenth island of the Azores, as access used to be so difficult and consequently involved a long journey, the district of Nordeste is now one of the most impressive areas of S. Miguel and one of the best examples of regional planning.

It is an interesting and picturesque little town on the eastern tip of the island. The seven arched bridge, its prime feature built in 1883, has Romantic features and is one of the largest and most beautiful bridges on São Miguel. Some of the most splendid scenic overlooks, such as the ones at Ponta da Madrugada and Ponta do Sossego, are located in this municipality.

(P. 80/81)
Miradouro da Ponta do Sossego – Proporciona aos visitantes um panorama da magnífica praia de Lombo Gordo.

Ponta do Sossego (peace) belvedere – Gives its visitors a marvellous view of the magnificent Lombo Gordo beach.

(P. 83 (baixo/bottom))
Salga – características do casario típico.

Salga – characteristics of typical houses.

(P. 83 (centro direita/center right))
O miradouro da Ponta do Sossego é uma "varanda" do concelho, proporcionando uma panorâmica fabulosa, onde está patente um cenário bucólico de extensa vegetação.

The Ponta do Sossego belvedere is an "balcony" of the municipality, giving one a fabulous panorama, which with their vegetation offer bucolic scenery.

(P. 82/83)
A Ponte dos Arcos, "portão de entrada" da vila do Nordeste.

Arch Bridge, the gateway to the town of Nordeste.

A região de NORDESTE – assim chamada pela sua localização geográfica é, em termos paisagísticos, o segredo mais bem guardado da ilha de São Miguel. Aqui se sucedem altas montanhas, profundos desfiladeiros onde correm ribeiras caudalosas, pontas de terra que entram pelo mar azul, miradouros deslumbrantes e brancas aldeias que despontam entre o verde das pastagens.

A beleza exuberante e rude do Nordeste convida a uma estadia de alguns dias, para visitar a SERRA DA TRONQUEIRA – visão deslumbrante da bacia hidrográfica

The NORDESTE region owes its name to its geographical location, and in terms of landscape, it is the best kept secret on the island of São Miguel. Here are high mountains, deep valleys with flowing streams, peninsulas jutting out into the sea, charming scenic overlooks, and white villages contrasting with the green pastures.

The rugged and exuberant beauty of Nordeste invites one to stay for a few days to visit the SERRA DA TRONQUEIRA – has a charming view oh the hidrographic basin oh the Ribeira do Guilherme river, and a sucession oh hills and valleys de-

(P. 84)
O Nordeste oferece aos seus visitantes paisagens de sonho, águas límpidas e cristalinas das suas cascatas e uma paz absoluta.

Nordeste offers its visitors the scenery of a dream: limpid and crystalline waters of the cascades and a absolute peace.

(P. 85)
Ribeira dos Caldeirões – Na freguesia da Achada, deparamo-nos com quedas de água que se unem, formando um caudal único.

Ribeira dos caldeirões – In the parish of Achada, there are watterfalls which unite in a single stream.

Serra da Tronqueira – Proporciona uma visão deslumbrante da bacia hidrográfica da Ribeira do Guilherme, numa sucessão de lombas e vales.

Serra da Tronqueira – Provides the flaring eyesight of the hydrological basin of Ribeira do Guilherme (Guilherme's brook) in a succession of slopes and valleys.

da Ribeira de Guilherme, numa sucessão de lombas e vales que descem os Picos da Vara e Verde, onde está patente um cenário bucólico de extensa vegetação endémica e o PICO DA VARA – é um miradouro natural que nos proporciona uma visão espectacularide quase toda a ilha.

Miradouros como: o SALTO DA FARINHA – oferece-nos uma excelente panorâmica de uma queda de água, o da PONTA DA MADRUGADA – espantoso nascer do sol, ou do PICO BARTOLOMEU – oferece--nos uma visão das Lombas da Povoação; o SALTO DO CAVALO –

scending from the Vara and Verde peaks, which with their endemic vegetation offer bucolic scenery, PICO DA VARA – is a natural viewpoint which allows a spectacular view over the whole island.

The scenic overlooks as: the SALTO DA FARINHA – give one na excellent view over a lovely water fall and PONTA DA MADRUGADA, fabulous for watching the sunrise, PICO BARTOLOMEU – offers a marvellous panorama over the "lombas" of Povoação, the SALTO DO CAVALO (horse jump) belvedere – looks over the exuberant Furnas valley as well

localizado do extremo do concelho, vislumbra-se todo o exuberante Vale das Furnas, bem como as costas sul e norte da ilha.

O FAROL da Ponta do Arnel e o porto da vila de Nordeste; a PRAIA DO LOMBO GORDO e os vários Parques Florestais. Na foz da Ribeira do Guilherme existe um agradável parque de campismo, com acesso pela Vila de Nordeste ou pela Fazenda.

as a north and south coast of the island.

The LIGHTHOUSE at Ponta do Arnel, the port of Nordeste, LOMBO GORDO beach and the various Forest parks. At the mouth of the Guilherme stream, there is a pleasant campground with access from both Fazenda and the town of Nordeste.

(P. 87 (cima/top))
Ambiente de grande serenidade a caminho do Nordeste.

Atmosphere of great serenity on the way to the Nordeste.

(P. 87 (baixo/bottom))
Área de lazer − muito procurada no Verão para merendas ao ar livre. Daqui pode-se observar a costa da ilha.

Leisure area − in the summer it is a very popular for picnic. From here we can observe the coast.

Povoação

Local de fixação dos primeiros habitantes da ilha. Exemplo de urbanismo açoriano dos sécs. XIX-XX. Rodeada por sete lombas, verdadeiros miradouros. Foi o primeiro povoado da ilha de São Miguel e aí se situa a primeira igreja construída nesta ilha, a Matriz Velha, no séc. XV.

The place where the first inhabitants of the island settled, this town offers a good example of Azorean urban styles of the 19th and 20th century. It is surrounded by 7 hills that afford excellent views. It was the first settlement on the island of São Miguel and it is the location of the oldest church built on the island, the Old Mother Church.

(P. 88/89)
O encanto da paisagem da Lagoa das Furnas.

The charming scenery of the Lagoa das Furnas.

(P. 90 (cima/top))
Fajã do Calhau – pertencente à freguesia de Água Retorta, esta fajã é considerada uma das melhores zonas de veraneio da ilha.

Fajã do Calhau – Belonging to the parish of Água Retorta, this "Fajã", or narrow coastal inlet, is considered to be one of the best summer resort on the island.

(P. 90 (baixo/bottom))
Povoação, Terra das Sete lombas.

Povoação, Land of the seven ridges.

(P. 90/91)
Vista sobre a Povoação e, ao fundo, a freguesia da Ribeira Quente.

Overlooking Povoação with the village of Ribeira Quente in the background.

As Caldeiras das Furnas são uma área de manifestações vulcânicas diversas, de onde brotam géiseres de água fervente e lamas medicinais, sendo uma das mais espetaculares a caldeira de Pêro Botelho.

The Furnas Hotsprings, are an area of diverse volcanic activity where water and mud geysers spout and boil. The most spectacular of these is the Pero Botelho geyser.

(P. 93 (cima/top))
Vale das Furnas − Onde os verdes das montanhas se misturam com o fumo branco das caldeiras.

Furnas Valley − Where the green of the mountains mixes with the white smoke of the hotsprigs.

(P. 93 (baixo/bottom))
Furnas − onde a água cristalina e férrea corre ao lado da água quente, brotando o fervor das entranhas da terra.

Furnas − Where the crystal lear waters and ferrous waters flows side by side with hot springs.

(P. 92)
Caldeiras das furnas − manifestações vulcânicas.

Hotsprigs or geysers − volcanic manifestations.

O Vale das Furnas, a este da ilha, enorme caldeira e viçoso jardim, num ambiente fantástico, em que o colorido das flores se mistura com uma exuberante vegetação, originária dos mais diversos continentes.

A Lagoa das Furnas − como perfil gótico da Ermida de Nª. Srª. das Vitórias projetado nas suas águas límpidas, apresenta, numa das suas margens sulfataras vulcânicas, autênticas "cozinhas naturais" onde se obtém o famoso cozido das Caldeiras.

The Furnas Valley, at the east of the island, is an enormous crater and luxuriant garden in an extravagant atmosphere where the colour of the flowers mixes with the exuberant vegetation originating from diverse continents.

The Furnas Lake − with the gotic outline of the Chapel of Nª. Srª. das Vitórias reflected its limpid waters, offers volcanic fumaroles and authentic natural kitchens along its margins, where one can cook the famous "Cozido das Caldeiras" by burning sealed pots in the baking earth.

(P. 94)
Parque Terra Nostra e a sua lagoa-piscina de água termal férrea.

Terra Nostra Park and a natural swimming pool of thermal ferrous water.

(P. 95 (cima/top))
Lagoa das Furnas − ao longo das suas margens existem sulfataras vulcânicas.

Furnas Lake − Volcanic fumaroles along its margins.

(P. 95 (baixo esquerda /bottom left))
A beleza deslumbrante da Lagoa das Furnas proporciona um ambiente extasiante.

The dazzling beauty of the Lagoa das Furnas creates an inebriating atmosphere.

(P. 95 (baixo direita /bottom right))
Centro de Monitorização e Investigação das Furnas.

Monitoring and Research Center of Furnas.

Na pitoresca freguesia das Furnas, o PARQUE TERRA NOSTRA, com base nas plantações iniciadas no séc. XVIII por Thomas Hickling, e prosseguidas no séc. XIX pela família Praia e Monforte, é uma visão romântica de lagos, caminhos sinuosos, flores exóticas e árvores centenárias, e um lago-piscina de água termal.

As FURNAS são uma terra de parques, referimo-nos aos parques JOSÉ DO CANTO – densamente florestada, com extensas áreas reservadas a floresta de produção e de protecção e onde nas zonas baixas junto à margem, existe uma boni-ta mata ajardinada, desenhada e plantada nos meados do sec. XIX. O Parque BEATRIZ DO CANTO – o património botânico deste jardim--parque destaca-se pela presença de algumas árvores de grandes dimensões como é o caso das sequóias e dos carvalhos e o JARDIM DAS QUENTURAS – é o resultado de um projecto de beneficiação paisagista. As espécies botânicas deste jardim são todas exóticas.

(P. 97 (cima/top))
Salto do Cavalo – Oferece uma outra perspectivada beleza rara das Furnas e do Vale da Povoação.

Salto do Cavalo – Offers another perspective of rare beauty over Furnas lake and the valley of Povoação.

(P. 97 (baixo/bottom))
O Pico do Ferro, rodeado de vegetação exuberante, entrecortada por cascatas, proporciona um panorama deslumbrante sobre o Vale das Furnas.

The Pico do Ferro, surrounded, by exuberant vegetation and craved among waterfalls, offers a dazzling view over the lake and valley of Furnas.

In the picturesque village of Furnas, the TERRA NOSTRA PARK, which was planted by Thomas Hickling in the 18th century and extended and improved by the Praia e Monforte family in the 19th, is a romantic vision of lakes, winding pathways, exotic flowers and century old trees, and a swimming pool or lake of thermal waters.

The Furnas is also a land of parks, among they are: the JOSÉ DO CANTO – it is densely forestry production and protection, and another area, in the lower zone next to the shore, where there is na attractive woodland garden, designed and planterd in the mid 19th century. The BEATRIZ DO CANTO PARK – the park contains many large species of tree such as redwoods and oaks. The QUENTURAS PARK results from a typical project for the landscape improvement, all of the species in the garden are exotic.

(P. 96)
Parque Terra Nostra – é um dos maiores jardins dos Açores e constitui um do mais completos catálogos botânicos de Portugal.

Terra Nostra Park – It is one of the largest gardens of the Azores and constitutes one of the most complete botanical collections of Portugal.

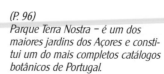

Vila Franca do Campo

Vila Franca do Campo (a primeira capital da ilha no século XVI) e o seu ilhéu são paragem obrigatória. O casario, o colorido dos barcos de pesca artesanal, o relicário dos pescadores e a marina, são apenas alguns dos muitos pormenores que fixam a atenção do visitante.

Neste concelho situam-se algumas das melhores praias de São Miguel como as de Água d'Alto, Corpo Santo, Vinha da Areia e Amora.

Vila Franca do Campo, the island's first capital in the 16th century, and its islet are a place where you have got to stop. The houses, the rustic fishing boats, the fishermen's shrine and the marina are just a few of the details that catch the visitor's attention. Some of the best beaches on São Miguel, such as those at Água d'Alto, Corpo Santo, Vinha da Areia and Amora, can be found in this municipality.

(P. 98/99)
Lagoa do Congro – com as suas águas de um verde escuro e envolta por um denso arvoredo.

Congro lake – a lake of dark green water which is surrounded by dense vegetation.

(P. 100/101)
Vila Franca do Campo – a Igreja e Hospital de Nossa Senhora da Misericórdia.

Vila Franca do Campo – the church and Hospital of the Misericórdia (Mercy).

O Ilhéu de Vila Franca, em frente à vila do mesmo nome, é um dos maiores atrativos da costa de São Miguel. Forma uma piscina natural, perfeitamente circular. Das suas rochas, curiosamente corridas pelo mar e ventos, destaca-se uma formação que muito se assemelha a uma coluna talhada na antiguidade.

Dado o interesse da preservação do seu meio ambiente, é considerado Reserva Natural. Esta reserva constitui uma importante zona de nidificação e de passagem de algumas espécies de aves marinhas, como o Cagarro e o Garajau-comum. Aqui encontram-se matos naturais de Urze, Bracel-da-rocha e Junco.

The Ilhéu de Vila Franca is situated just off the town of the same name. This is one of the greatest attractions on the coast. Its perfectly round lagoon forms a natural swimming pool. Its rocky cliffs, which have been curiously sculpted by the wind and sea, include great columns carved by antiquity.

It has been classified as a maritime nature reserve. This Reserve is na important nesting ground and landing point for some species of seabird, such as the shearwater and common tern. Natural woodland is to be found here such as the fire tree, green broom, fescue ans spiny rush.

(P. 102)
Ilhéu de Vila Franca – uma cratera de forma quase circular e com ligação ao mar utilizada pelos veraneantes. Esta reserva natural constitui uma importante zona de nidificação.

The Vila Franca Islet – an circular crater connected to the sea used in the summer.
This Nature Reserve is an important nesting ground.

(P. 102/103)
Vista sobre o ilhéu de Vila Franca.

Overview the Vila Franca islet.

Lagoa

A Vila da Lagoa é uma das mais antigas povoações micaelenses e a sua designação tem origem no facto de ter havido, em frente da actual Igreja de Santa Cruz, uma lagoa. O Concelho proporciona aos amantes da natureza uma excelente oferta paisagística, constituindo, no seu todo, um óptimo cartão-de-visita.

The Town of Lagoa is one of the oldest settlements of São Miguel, and its name comes from the fact that it once had a lake in front of where the Church of Santa Cruz stands today.The municipality of Lagoa offers to the nature lovers a wonderfull countryside, constituting, overall, a marvellous visiting card.

(P. 104/105)
Panorâmica sobre a Caloura.

Overlooking of Caloura.

(P. 106/107)
Visão da vila da Lagoa, podendo-se observar, ao fundo, a cidade de Ponta Delgada.

A marvellous over the municipality of Lagoa, and also can see the bay of Ponta Delgada.

A Caloura (Ponta da Galera) − Sítio de Importância Comunitária, abrange uma zona terrestre e uma marítima. A Ponta da Galera é o ponto mais sul da ilha, aqui nidifica uma colónia mista de Garajau-comum e Garajau-rosado e, por isso, esta é uma das colónias mais importantes do arquipélago.

O porto e a piscina da Caloura são uma reconhecida zona balnear, não só pela limpeza das suas águas, como também por beneficiar do micro-clima da idílica zona da Caloura.

O COMPLEXO MUNICIPAL DAS PISCINAS, além de uma piscina

(P. 108)
Miradouro do Pisão − oferece uma panorâmica sobre a Caloura. O porto e a piscina da Caloura é uma reconhecida zona balnear.

Pisão belvedere − offers a view over Caloura. The Caloura port and the swimming pool is a popular bathing zone.

(P. 108/109)
Areal de Santa Cruz.

Santa Cruz beach.

coberta possui piscinas naturais, oferecendo várias hipóteses para quem gosta de mar.

O Miradouro do Pisão oferece uma panorâmica sobre a região da Caloura e a costa sul da ilha. No Pico da Barrosa pode-se apreciar a magnífica paisagem da Lagoa do Fogo.

The Caloura (Ponta da Galera) – Site of Community Interest, includes na area of land and sea. The Ponta da Galera is the southern most headland of the island, a mixed bird colony nests here, with common stern and roseate tern, which makes it one of the most important colonies in the archipelago.

The Caloura port and swimming pool is a popular bathing zone, not only due to the quality of the water, but also because it benefits from micro-climate of the idylic area of Caloura.

The LAGOA'S MUNICIPAL SWIMMING POOL COMPLEX, as well as a covered pool it has natural swimming pools, it offers a wide range of choices for lovers of the sea.

The Pisão Belvedere offers a view over Caloura and south coast of the island. The Pico da Barrosa offer a magnificent view over the Lagoa do Fogo.

Ficha Técnica
Technical File

Textos / Text:
Publiçor Editores

Fotografias / Photos:
José António Rodrigues

Design / Design:
Publiçor Editores

Impressão e Acabamento / Printing and finishing:
Nova Gráfica, Lda

2.ª Edição / 2nd Edition:
Letras Lavadas, edições - Abril/April 2014

ISBN:
978-972-8633-10-3

Depósito Legal / Legal Deposit:
373832/14

PUBLIÇOR

Rua Praia dos Santos, 10 – S. Roque
9500-706 Ponta Delgada
Tel. 296 630 080 I Fax: 296 630 089
E-mail: publicor@publicor.pt I www.publicor.pt

Empresa com Sistema de Gestão da Qualidade
Certificado ISO 9001:2008.
Company with Quality Management System
Certificate ISO9001:2008.

Envie-nos sugestões/opiniões para dqualidade@publicor.pt
Send us suggestions/opinions to dqualidade@publicor.pt

Impresso em empresa certificada ISO 14001/
EMAS III (Sistema de Gestão Ambiental), em
papel fabricado com pastas ECF (isentas de
cloro), totalmente reciclável e proveniente de
florestas com certificação PEFC™.
Printed in company certified under ISO 14001/
EMAS III (Environmental Management System),
with ECF technology based paper manufacturing
(free of chlorine), fully recyclable and from
forests certified by PEFCTM.

(P. 110/111)
Pôr-do-sol

Sunset

(P. 112)
Golfinhos

Dolphins